パズル・ポシェット

クロス
ワード
エクセレント

ドリームプラネット

日本文芸社

クロスワード
エクセレント

目次

問題………………4
解答……………118

カギを解いた言葉に使われている「ッ」「ョ」などの促音（小さな文字）は、マス目では正音（普通の文字）としてください。

出題／ドリームプラネット
(前島奨太・ねこぱんち・美月・森島裕子・高森昌雄・まりも)
編集協力／オフィス305
本文デザイン＆DTP／関原克美（Design Lab K）
カバー・本扉デザイン／吉村真紀（ZEROgraphics）

クイズを解いた答えと答えの
出会いが作る言葉の面白さ
知識を試し、深める
クロスワードの楽しみ！

Question 1

快適な眠りで朝の目覚めは良好

タテのカギ

1 正月に食べたい餅入りスープ。お汁粉ではない
3 「気軽」の対義語
4 夏に浜辺で軽食などを楽しめる小屋
5 ガードレールは、車道と歩道とを隔てるこれ
6 動物や物をヒトに見立てる。○○○化
8 英雄の背にヒラヒラ
11 カフェの日本版
14 師に教えを乞う○○○生
15 西高東低型の気圧○○○
17 絶対に譲らない！ ○○○も引きません
18 パイナップル入りの場合もある中華料理
20 パン生地の表面に溶き卵を塗って、○○を出す

ヨコのカギ

2 南天の実を目に見立てて作ります
7 十二支の7番目
9 初もうでで運試しだ！
10 周りのみんなからの評判がよい人
12 「凹」に対する
13 女性が好む食べ物？ ○○、たこ、なんきん
16 ＳＦ＝○○○○○・フィクション
19 頑固○○○○な雷親父
21 買って、タイミングよく売って、大儲けだ
22 長崎名物の麺料理といえば、皿うどんかこれ

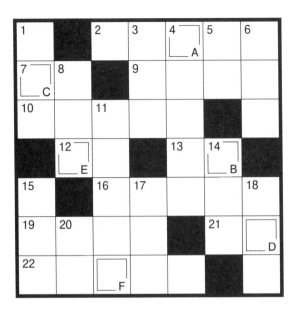

タテ・ヨコのカギをヒントにパズルを解き、A〜Fの文字をつないでできる言葉を答えてください。

=== 解答欄 ===

A	B	C	D	E	F

解答は118ページ

Question 2

疲れた時は
この上でゴロッと

タテのカギ

1 デスクとセットで使用
2 寝不足で目の下に……
3 夜空に見えるひしゃく？ ケンシロウの胸の傷も
4 ⇔表
5 万年筆に補充しましょう
8 「ヘーゼル」や「マカダミア」などがあります
9 帰宅したらすぐ、手洗い・うがいで風邪○○○
11 アカデミー賞の○○○作品、見事受賞なるか？
13 果肉がみずみずしく甘い、黄緑色の瓜
14 満タン状態です
15 京都の鹿苑寺のカラー

ヨコのカギ

1 長四角のみで構成された6面のかたち
6 就寝時に頭をのせる
7 『おむすびころりん』で、おむすびが落ちた所
9 あれこれほしがる
10 児童や生徒らがもらう成績表
11 呑み込むと上手くなる
12 「南高」が人気品種の木
14 将来に備えての用意のことで、元は将棋用語
16 ゴルフで「エース」とも呼ばれます

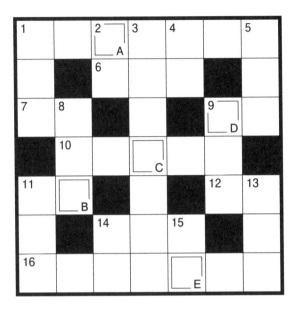

タテ・ヨコのカギをヒントにパズルを解き、A〜Eの文字をつないでできる言葉を答えてください。

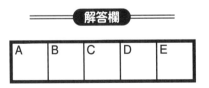

解答は118ページ

Question 3: わが家のキッチン収納はバッチリよ

タテのカギ

1. 青と赤がある和風ハーブ
2. 子どものお勉強やお受験に熱心なお母さん
3. お肉は「もみじ」
5. 足利氏に統治されていたころです
6. 3か月間のこと
8. 安物買いの○○失い
11. 陸・海・○○
12. スカッと気持ち良いこと
13. カノジョのお相手
16. サッと火を通しただけのステーキ
19. 全部、残らず、すべて
20. 田楽や煮びたし、しぎ焼きも美味しい野菜

ヨコのカギ

1. 人気飲食店の壁には有名人のサイン○○○が
4. ヘビの仲間。関西ではうな丼のこと!?
7. 静かに吹いている。春らしい感じがするね
9. 「只」の字を分解した語
10. ミンチをふっくら生地で包んだ、中華の蒸し料理
12. プラスしておこう
14. 引っ込み思案なんです
15. ハワイアンな弦楽器
17. ピザも陶磁器も焼ける
18. 電車の座席上の荷物置き
21. 有田焼は「○○○焼」とも呼ばれている
22. いいぞ！という意味で使う

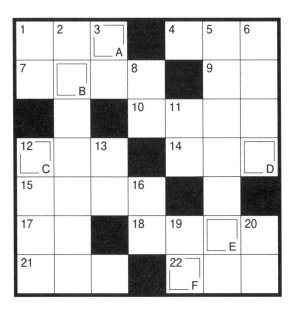

タテ・ヨコのカギをヒントにパズルを解き、A〜Fの文字をつないでできる言葉を答えてください。

解答は118ページ

Question 4

コツコツ続ければ たくさん貯まる

タテのカギ

1. 50周年、区切りのよい○○○の年ですね
2. 自由気まま、好き勝手にセレクトします
3. 誕生日は、年に○○○の大切な日
4. 「生麦生米生卵！」
5. 名探偵が解決だ！
10. 外に対する
12. 牛○○は、おでんの具や土手煮などになる
14. カイコの繭からとれる。まだ練ってはいません
15. ○○○記事＝コラム
17. フランス風の酢漬け刺身

ヨコのカギ

1. 「剥奪」の対義語
3. さらして赤面
6. 転んでヒップから着地
7. 事がうまくいかず、○○食いや○○酒に走る人も
8. もともとは針穴のこと
9. たとえば、「写す」と「映す」は○○○○異字
11. マーモットやモモンガもこれの仲間です
13. ○○の日は、6月の第3日曜日
14. すぐキレちゃう人は……
16. すごろくで進めます
18. 釣瓶でここの水を汲む
19. ちょっとポッチャリ
20. 相撲の試合のこと
21. らせん状で、伸縮します

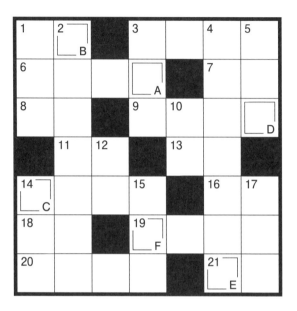

タテ・ヨコのカギをヒントにパズルを解き、A〜Fの文字をつないでできる言葉を答えてください。

解答欄

解答は118ページ

Question 5

机の上の本の整理整頓に大活躍

タテのカギ

1. 三兄弟が家を作る物語も
2. これに奥手だと彼氏も彼女もできませんよ
3. 脚を振って行う攻撃
4. ぬいぐるみの中に詰まる
5. 歌番組で、マイクの電源を入れずに歌う振りだけ
8. 値段に変わりはなく、すべて〇〇〇〇料金です
10. かゆい背中をかける棒
11. 先生が児童らを引率して出掛けるイベント
13. ヤクやバイソンなど
15. 通常国会、特別国会、〇〇〇国会
17. セールスポイントです
19. 〇〇が取れて丸くなった

ヨコのカギ

1. 踏んで減速しましょう
4. 競馬の〇〇番は、通常1から8まで
6. 牛〇〇焼きは仙台名物
7. 「みそか」の翌日
9. お子様向けカレーの味
11. イギリス、アメリカ、オーストラリアは〇〇〇圏
12. 省いて、縮めます
14. 複数のバスを利用して目的地へ向かう
16. あらそいの的になっている、主要ポイント
18. 板や畳などが敷いてある
20. 『サルカニ合戦』では、囲炉裏から弾けた
21. 阿弥陀仏がいるとされる、極楽〇〇〇〇

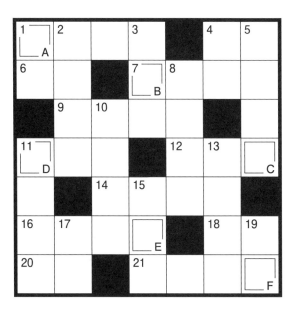

タテ・ヨコのカギをヒントにパズルを解き、A～Fの文字をつないでできる言葉を答えてください。

―― 解答欄 ――

解答は119ページ

Question 6

昔、花嫁道具
今、着物の収納箱

タテのカギ

1. 親のここをかじる子も
2. 満員御礼になると配られる、○○○○袋
3. 宅配でもおなじみの、平たいイタリア料理
4. 芸術家などを援助する人
6. 野次馬がワイワイ、黒山の○○○○○
7. 店の前に置く山型ソルト
8. ボクシングに欠かせない「○○○○ガール」
10. 旧ソ連の「ソ」
11. 急げ！ ○○○○を争う事態だぞ！
15. ⇔南
16. 広島産が有名な貝で、生もフライも美味

ヨコのカギ

1. 化粧していない本来のままのフェイス
5. 江戸の町は「将軍様の○○○○○」と呼ばれた
8. 辺りを照らす器具
9. 話の道筋がキチンとしている。「○○整然」
10. 日本の初代は伊藤博文
12. 醬油の入った一升○○
13. 乾燥させた「節」は堅い
14. 東京の伝統的なカットガラス細工
17. タイヤに入れる

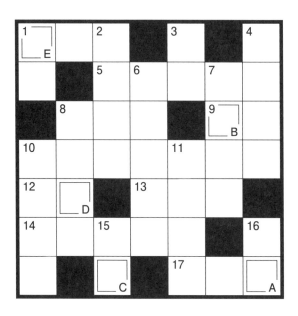

タテ・ヨコのカギをヒントにパズルを解き、A〜Eの文字をつないでできる言葉を答えてください。

解答は119ページ

Question 7

省エネ時代はLED照明に……

タテのカギ

1. プランを立てたものの、実行が伴わず
2. アイロンでピンと伸ばす
3. 関東のそば、関西の？
4. 三叉的アルファベット
5. たとえば、「3.7」を「4」にしたり
8. 抱きつきアニマルの代表
9. 犯人をこっそりと追う
13. 和風の「ABC」
15. キログラムより重量級
16. ユニコーンのは長い

ヨコのカギ

1. 土俵入りの力士がつける、綺麗な刺繡の布
6. 山にたくさん、ゴツゴツゴロゴロ
7. ○○薄弱＝成し遂げようとする気持ちが弱い
8. 2人のグループ
10. ゲームのステージを攻略だ！
11. 漢字の学習や文の読解などを目的とした教科
12. ピカゴロ、ザーザー
14. 耳にドンドン入ってくる
16. そばのスープ
17. ある物をはじめとして、次々とことが起こる

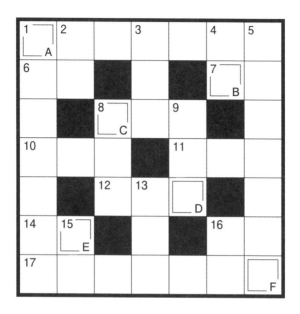

タテ・ヨコのカギをヒントにパズルを解き、A～Fの文字をつないでできる言葉を答えてください。

解答は119ページ

Question 8

食事の後はテーブルをきれいに

タテのカギ

1. 親、人差し、中、薬、小
2. 第1次ベビーブームに生まれた、○○○○の世代
3. ダーツの矢が刺さるもの
4. 筋肉を鍛えて、ムキムキの○○○○ビルダーに
6. 超自然現象や超能力などの、不思議な世界
7. 靴飛ばしもできる遊具
8. 音沙汰ゼロ……梨の○○○
10. 男は○○○○、女は愛敬
11. ずたずたに刻まれる
15. 囲碁では先手の石の色
16. 英語でバス

ヨコのカギ

1. 帽子の代わりにバケツを被らされる像
5. 近所はイヤ。新幹線などで移動して旅行しよう
7. 放課後に生徒らが熱中
9. 舟をこぐための道具
10. 車に乗ったままファストフードを購入可能
12. 納豆、酵母、サルモネラ
13. キャンプ用即席天幕
14. 映画の本編上映前に流れる○○○編映像
17. 屋内ではなく、外でゆっくり湯に浸かろう

タテ・ヨコのカギをヒントにパズルを解き、A～Eの文字をつないでできる言葉を答えてください。

──解答欄──

A	B	C	D	E

解答は119ページ

Question 9

入浴後は
ふわふわのこれ！

タテのカギ

1. 屋外で行う、○○○○教室や○○○○市場
2. 子どもには○○抜き寿司を
3. 鏡開きでは蓋を割ります
4. 下手な歌を聴かせると腐るかもしれない？
5. 揉んで穴を開ける道具
7. 佐賀県名物の磁器のひとつ
8. 具なしおにぎりの味
10. 「もしもし〜」と話しながら握るもの
11. 田んぼで刈り取ります
12. やせてくびれを作りたい
14. アップして行く方向
15. 降車したい時は「降ります」のボタンを押して
16. 電源を切っておく

ヨコのカギ

1. ボンゴレスパゲッティに欠かせない貝
3. キツネと化かし合う？
6. キチンと締めないと着物がはだけちゃう
7. ○○○○性だと、赤いリトマス紙が青くなる
8. かかあ天下で、夫は妻の○○に敷かれている
9. 夏休みに毎朝、「1、2、3、4！」
13. 瓦が敷いてあるね
14. 児童の校舎内用シューズ
16. ♀と「つがい」になる
17. 良い成分をギュッと濃縮
18. 外野の左側を守る

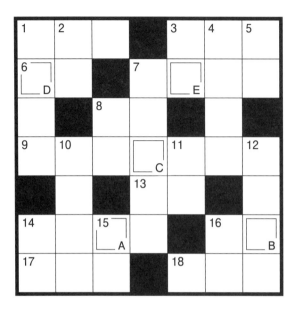

タテ・ヨコのカギをヒントにパズルを解き、A〜Eの文字をつないでできる言葉を答えてください。

解答は119ページ

Question 10

本日は朝から快晴 お洗濯日和です

タテのカギ

1. ロケではなく、ここにセットを組んで撮影
2. 「尺」より細かい単位
3. イワシを連ねて干したもの。ちょっと残酷？
5. 夏休みの宿題として、○○○○感想文を提出
6. 網の上で焼いてプックリ
8. 褐色のシュガーで、塊をそのまま食べたりも
12. ひらがな、カタカナ、漢字を合わせて使う
14. 社会人のための研修会
16. 真偽も確かめず、そのまま内容を受け入れる
17. 進行可能な信号の色
19. タヌキが太鼓にする？

ヨコのカギ

1. 福沢諭吉の著書といえば『学問の○○○』
4. 大人になれていません
7. 七夕の願いごとを書く紙
9. 啞然、あんぐりだ
10. 相撲で勝利した印
11. 桃太郎の成敗対象
13. 落語など、さまざまな演芸を見て楽しめるスポット
15. 「うしとら」の方角で、南西とは正反対です
17. 大福や饅頭の中身
18. 「おから」や「きらず」とも呼ばれる食品
20. 食事代は僕の○○○で、君の分も全部出すよ
21. 車の運転前にはバック○○○の角度も確認

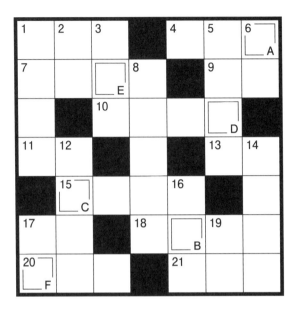

タテ・ヨコのカギをヒントにパズルを解き、A～Fの文字をつないでできる言葉を答えてください。

解答は119ページ

Question 11

フライパンで焼いて何枚も食べよう！

タテのカギ

1. ⇔右舷
2. 足が10本の軟体生物
3. 円を描く道具
4. 鍵
5. 遠くにあって想うもの
7. 泡立てて顔や体を洗う
9. 無理矢理売りつける
11. 真っ黒なパスタソース
12. 暇、休暇
13. 賛否の判断でとる
15. 認めに押す
17. ゴールド

ヨコのカギ

1. 双六で振る
4. 組織に金品を無償でプレゼント
6. ⇔上巻
7. 大売り出し
8. 下着もズボンも
9. たてがみがあるライオンの性別
10. 手編みのマフラーの材料
12. パーは紙。グーは？
13. 江戸の華だったのは火事と何？
14. 髪の毛のこと
16. 見せると攻め込まれる
18. 水兵さんみたいな服。「○○○ルック」
19. 短時間の睡眠

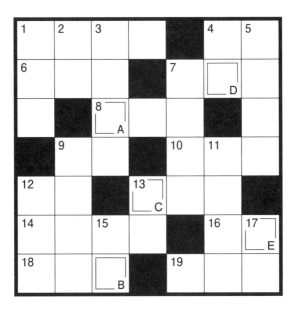

タテ・ヨコのカギをヒントにパズルを解き、A〜Eの文字をつないでできる言葉を答えてください。

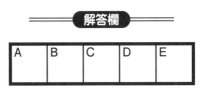

解答は120ページ

Question 12

今日はお祝い！彩りあざやかな和食

タテのカギ

1. 豆腐の原料
2. 閉じること。「○○をする」
3. 厚手のストッキング
4. 玄関で脱ぐ
5. とくに親密にしている仲
6. 段々と高い地位に就くこと
8. 台所
11. かかとをすってツルツルに
13. 橋の手すり
14. 「はしか」の別名
16. ⇔アウト
18. 傾斜のある道

ヨコのカギ

1. 小を兼ねる
2. 臭いものにする
5. 着替えをする部屋
7. 頭に被る布
9. 雨降りが続く季節
10. 追って加えること
12. 顔の俗称
14. タウン
15. 緩むと涙が流れる
17. 点数や合否を判定する人たち
19. 手土産に持っていく○○折り
20. リンゴの真ん中にある

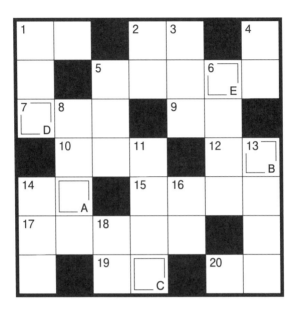

タテ・ヨコのカギをヒントにパズルを解き、A〜Eの文字をつないでできる言葉を答えてください。

解答欄

解答は120ページ

Question 13

みんなで競う！
栄冠はだれの手に

タテのカギ

1. 日が昇る時間帯
2. ブーツカットやスキニーなどがある
3. タワー
4. 子孫繁栄の意味を持つ魚卵
5. 木製の剣
6. 晴れ渡った空
7. 古い試験の問題集の略称
9. 掃除機の名前もある音楽のジャンル
11. 留守中を狙う泥棒
13. 空で満ちたり欠けたり
15. 落ちて時を知らせる。「○○時計」

ヨコのカギ

1. まずい!?　緑色の健康飲料
3. 東京都－23区＝？
5. 釣りの成果がゼロの状態
6. お爺さんは芝刈りに、お婆さんは？
7. 航海に必要な地図
8. 首都はアンカラ
10. 剣道の手につける防具
11. 息がぴったり合うこと。「○○○の呼吸」
12. 家のエンブレムが入った和服
14. 停留所で乗り降りする
16. 2で割り切れない数

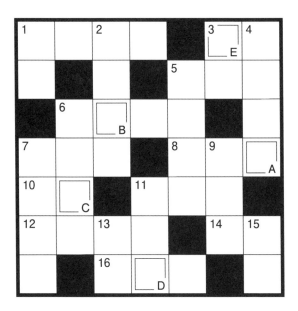

タテ・ヨコのカギをヒントにパズルを解き、A〜Eの文字をつないでできる言葉を答えてください。

解答は120ページ

Question 14

病院に行ったら忘れずに提出してね

タテのカギ

1. 婚約者
2. ズボンのファスナー、俗に何の窓？
3. 奈良公園にいる動物
4. アルファベット「E」の次
5. 馬肉の別名「○○○肉」
7. 帰る時にたどる
10. 地面より下にある部屋
11. 黄金虫が建てた
13. 「忍」の一字で耐えること
15. 夕張が有名な果物
17. ふたつでひとつ

ヨコのカギ

1. ぼたん鍋の肉
4. 動物のごはん
6. イブニングドレス、日本語では？
8. ペルーにある「○○○の地上絵」
9. 「無花果」、読み方は？
12. 外傷
14. キラキラした装飾
16. 空き部屋ナシ
18. ボウリングで倒すのは？
19. 手紙の終わりのP.S.

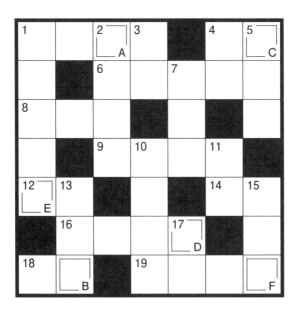

タテ・ヨコのカギをヒントにパズルを解き、A〜Fの文字をつないでできる言葉を答えてください。

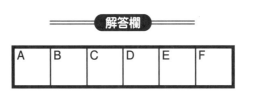

解答は120ページ

Question 15

朝昼晩の食後に欠かせません!

タテのカギ

1. かわいい子にさせる
2. カメやカニがよろっています
3. ○○○○に旨い物なし
4. 師匠と弟子
6. 「アボカド」は森の何?
8. もう口をききません
9. やられたらやり返す
10. カレーに添えるパン
12. 試験
14. 賢く利口なこと
15. 熱中すること。「○○をつめる」

ヨコのカギ

1. ドラム
3. 初対面で交換するカード
5. 手洗いとセットで健康管理
6. 情熱を表すのは赤い花
7. 多勢に○○○
9. 牛タンの「タン」は何?
10. ピーナツやマカダミアの類
11. 窓辺にかかる布
13. 肩などの筋肉のこわばり
15. ⇔軟派
16. ジェラシー

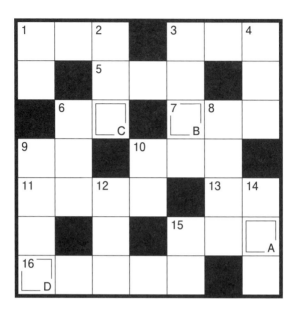

タテ・ヨコのカギをヒントにパズルを解き、A〜Dの文字をつないでできる言葉を答えてください。

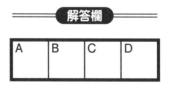

解答は120ページ

Question 16

観覧車、回転木馬、ジェットコースター

タテのカギ

1. 公園などにある腰かけ
2. ピッチャー
3. ここから、ぼた餅が落ちる!?
4. ゴロゴロッ！ ピカッ！ ザァー
6. 千葉県名物の豆
8. フルーツ
10. 節分に食べる。「○○○巻き」
12. 陽ではない
13. 裏千家、表千家が有名
15. グラウンド整備に使うT字型の用具
16. 味なしホットドリンク

ヨコのカギ

1. ウエストに締める装身具
3. 洗濯機の代わりに板とこれを使う
5. 星座や姓名で判断
7. エレベーターで「B」で表すフロアー
9. ⇔下
11. 青木ヶ原が有名な広大な森林
13. 紙幣の別称
14. 裸の社交場
16. 物ごとをやるしかない状況。「○○は投げられた」
17. 生まれてはじめて浸かる風呂
18. あらかじめ防ぐこと。「○○○接種」

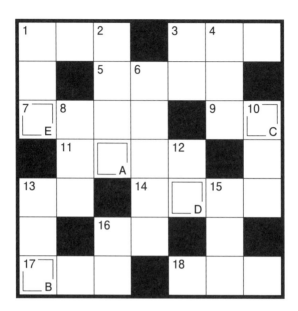

タテ・ヨコのカギをヒントにパズルを解き、A〜Eの文字をつないでできる言葉を答えてください。

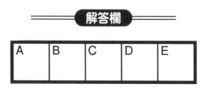

Question 17

洋食屋さんで人気！
定番の卵料理

タテのカギ

1　回転しながら昇り降りする段差

2　缶詰のマグロ

3　田んぼの番人

4　今日の次の日

5　切り口が星型の野菜

7　高くして寝る

9　5月は柏餅、3月は？

11　会の進行役

13　これより勝る食い気

16　ほんの少しの暇。「○○○を惜しむ」

19　あるなし。「○○を言わせない」

ヨコのカギ

1　書画の作者の印

4　ブルー

6　子どもは親のここを見て育つ

7　風邪や花粉の予防に口元を覆う

8　試しに作ること

10　手土産の折詰の中身

12　一、十、百、千……

14　最近は鼻から入れて撮影

15　無駄にすること

17　○○、中、小

18　凶暴なワンコ

20　睡眠時に未来の出来事を見る

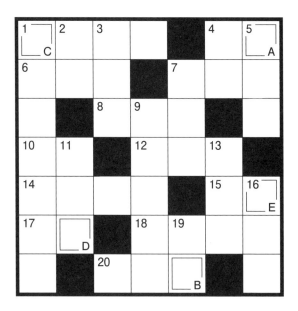

タテ・ヨコのカギをヒントにパズルを解き、A〜Eの文字をつないでできる言葉を答えてください。

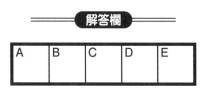

解答は121ページ

Question 18

切符、食券、チケット、買うのはこれで

タテのカギ

1. おまわりさんの詰め所
2. 海にいるイガイガ
3. ハットやキャップ
4. 春夏秋冬
5. まぶしいからしめて！
8. 解答の別称
10. 8本足の軟体動物
11. 仮縫いのこと
13. 親同士がきょうだいの関係
14. 約束。「○○をとって面会」
15. 茨城県の県庁所在地

ヨコのカギ

1. パウダー
2. おにぎりの中身の定番。「すっぱい漬物」
5. 横歩きの甲殻類
6. 獲物がかかると沈む釣り道具
7. 植物性はマーガリン、動物性は？
8. 誕生日が来ると重ねる
9. 生命線や運命線を観て占う
11. 鉛筆の真ん中
12. じゃんけんで勝敗が決まらない
14. 力を加えること。「○○をかける」
15. 薄荷
16. 叩くとビスケットが増える？
17. 日本人の主食

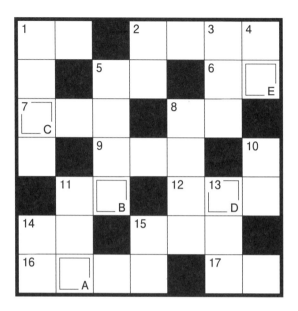

タテ・ヨコのカギをヒントにパズルを解き、A〜Eの文字をつないでできる言葉を答えてください。

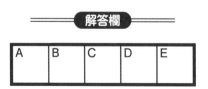

解答は 121 ページ

Question 19

明日は晴れかな？
昔は下駄で占った!?

タテのカギ

1. パーに勝つ
2. 大晦日に百八つ鳴る
3. 逆上がりをする器具
4. 脂ののったマグロの部位
5. 水を勢いよく出すこと
7. 女性は第6番目が鋭い
9. 停泊中に下ろす
10. 陶芸で回す
11. 歌が刻まれている石
12. 口を英語で？
14. 政権を握っている
16. 70歳のお祝い
17. 鼻の上に角がある動物

ヨコのカギ

1. モグラのような電車
4. 歩いていくこと
6. 火を消した後の温かさ
7. 武家の家臣の最高位
8. 印鑑の代わりに親指で
10. 校内のここは走らない
11. アワビやサザエの類
12. 上がると開演
13. 旅行にかかるお金
15. 魚の体表を覆う
18. 結婚前の苗字

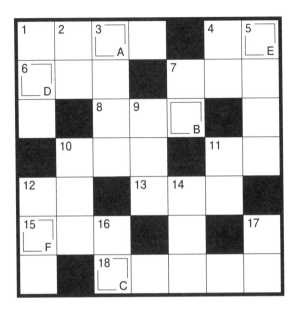

タテ・ヨコのカギをヒントにパズルを解き、A〜Fの文字をつないでできる言葉を答えてください。

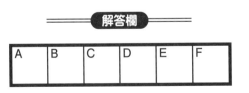

Question 20

ちょっと遠出して休日はドライブ！

タテのカギ

1. 庭の池にいる魚
2. 稲は、たんぼ、野菜は？
3. サンタがプレゼントを入れていく
4. 細かいものと粗い物を選別する
6. ワインの栓
8. 皮下や内臓に溜まるやっかいもの
9. ⇔プラス
11. セーターやマフラーはこれを編んで作ります
13. ○○○のつぼ焼き
15. ○○○にだっこ
17. UとWの間

ヨコのカギ

1. おめでたい色の組み合わせ
4. 毎月23日は「○○の日」
5. 足元に体当たりして倒す
6. 東北地方の木の郷土人形
7. ドクター
9. 正解につける印
10. バンブー
12. 戦争の古風な言い方
14. 温泉地の独特な香り
16. 座る時に敷きます
18. クロールや平泳ぎなどがあるスポーツ
19. ビーフは牛、ポークは？

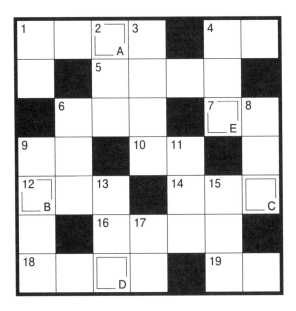

タテ・ヨコのカギをヒントにパズルを解き、A〜Eの文字をつないでできる言葉を答えてください。

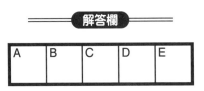

解答は121ページ

Question 21

結婚ウン十年 気遣ってくれます

タテのカギ

1. 腕相撲＝○○○レスリング
2. ○○人、○○能、天○○
3. 農家が飼っているウシ・ブタ・ニワトリなどの動物
4. 20歳ぐらいまでの芸子さん
5. 今日の次の日は？
7. きびす＝○○○
9. 海辺で割られる青果といえば？
11. 世界一長い「○○○川」
12. 「とちおとめ」や「あまおう」はこれの種類
14. クジラの名前のような抜刀の達人といえば、「○○○市」
15. 屋根のある移動式の路上食堂
16. 父母の父

ヨコのカギ

1. キリギリスと対照的な働き者の虫
2. 上下や順序が逆
5. 名古屋がある県は？
6. 「桃太郎」や「かぐや姫」は○○○話
8. インカ帝国の首都
10. 武士が腰に差していました
12. 針の穴に通します
13. 値段、料理、雰囲気が庶民的な大衆酒場
16. 「塩」を英語で？
17. 18の穴にボールを入れるスポーツ
18. 回り道＝○○○路

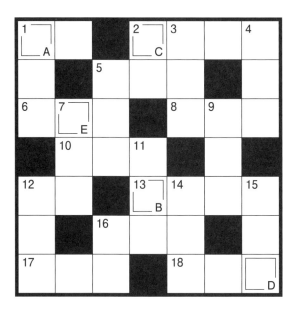

タテ・ヨコのカギをヒントにパズルを解き、A〜Eの文字をつないでできる言葉を答えてください。

解答欄

解答は121ページ

Question 22

胡麻和え、おひたしはいかが？

タテのカギ

1　ケガをした時に巻く白い布

2　大型の洗面器

3　ハワイ式、歓迎の首飾り

4　駅伝で手渡します

6　"だしの王様"といえば、「○○○昆布」

8　ワイン専門の給仕人

10　裁縫する機械

12　手のひらの反対は、手の○○

13　○○○入、○○○納、年○○○

15　煙突にもなる陶器の筒

16　降参した時にあげるのは、「○○旗」

17　冬に吐くと白くなります

ヨコのカギ

1　お尻が発光する昆虫といえば？

3　玉、サニー、ロメインなどの野菜

5　⇔おもて

6　生春巻きの皮は、「○○○ペーパー」

7　鉄棒や床は○○○○競技

9　卵の殻と白身に包まれています

11　⇔娘

13　餅をつくカラダの一部

14　讃岐といえば？

16　建物などの警備、人の出入りを見張る人

18　○○下、回○○、画○○

19　野外テントに宿泊

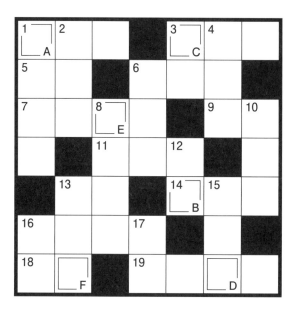

タテ・ヨコのカギをヒントにパズルを解き、A〜Fの文字をつないでできる言葉を答えてください。

Question 23

体重増えた？油分控えめにしよう

タテのカギ

1. 赤ちゃんのパンツ
2. ○○日、○○客、未○○
3. ハンコを役所に届けます。「○○○○登録」
4. ハラハラドキドキ。「○○○満点」
5. ○○度、○○達、加○○
7. 大学受験に備える塾
9. おにぎりに巻いたり、紙を貼ったりします
12. 頭に被る衣類
14. 「○○○○ソース」の原料は、野菜や果物
15. 掃除が得意な亀の子
16. 頭をこすって着火
18. 家族が集まる部屋
19. ココナッツは、○○の実

ヨコのカギ

1. 卵で包んだケチャップご飯
6. ニュートンが発見。「万有○○○○○」
8. 鬼の頭にも、かたつむりにもあります
10. 焼肉の定番、ロースと○○○
11. プレゼントや女の子の髪にも結びます
13. 日○○、○○速、○○線
16. パソコンにつながれた小動物
17. 男性がネクタイを結ぶ衣類
20. ストライプ＝○○模様
21. クリーミーな煮込み料理といえば？

タテ・ヨコのカギをヒントにパズルを解き、A～Eの文字をつないでできる言葉を答えてください。

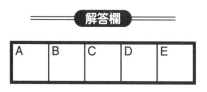

解答は122ページ

Question 24

空の安全を見守る空港の司令塔です

タテのカギ

1. 万事に良い日は「大安」、勝負がつかない日は？
2. ゴルフ場のグリーンはこれ
3. 水道水に含まれている「塩素」
4. レシート＝○○○○○○書
5. この日は長靴とレインコートが出番
7. 魚を誘うために燃やします
10. 雑巾やモップで掃除しよう！
12. 出場権をかける戦い
14. 後ろのタイヤ
16. 仙台発祥の、長いしゃもじで運ぶ料理。「○○○焼き」
18. トンビが生んだ優秀な鳥って？
20. 観○○・回○○・閲○○

ヨコのカギ

1. 年齢を重ねると、とるもの
3. スペイン生まれの声の美しい小鳥といえば？
6. 持ち歩けるコンピュータ。「○○○○ＰＣ」
8. 息子の妻
9. 砂だらけのデザート？
11. 速さ×時間＝○○○
13. 女性が手紙の末尾に付けます
15. ビジネス用のジャケット
17. ○○者、蛮○○、○○気
18. 心臓は「ハツ」、舌は「○○」
19. １個ずつ販売
21. 花札でイノシシになった花

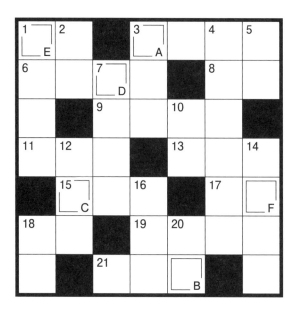

タテ・ヨコのカギをヒントにパズルを解き、A～Fの文字をつないでできる言葉を答えてください。

Question 25

ワンルームもあれば超高層もあります

タテのカギ

1. ○○泉、体○○、○○厚
2. 「T」や「Y」という名前の衣類
3. 握ったり、巻いたり、散らしたりする日本料理
4. 旨すぎると、はずれそうになる?
6. 頭と口から湯気を出すものって、な〜んだ?
7. 「ハリー・ポッター」は○○○使い
8. これで、ロッカーやランドリーを使います
9. 掛け軸などを飾る場所、といえば?
10. てこには、「支点・力点・○○○点」があります
11. イヌもネコも人間も、「○○○○動物」
13. ボーナス算出のもとになるのは「○○○給」
16. 大きなシッポで胡桃が好物の小動物

ヨコのカギ

1. 砂漠の中の水場
4. 跡を残したり、音を立てたりする、カラダの部位は?
5. 孫の孫は?
7. 三番は梅、二番は竹、一番は?
9. 乗り物を使わずに歩く
10. 反対の反対は?
12. 御所や宮内庁などがある江戸城跡
14. 1等賞のメダルの色
15. 弁護士は、○○○○の専門家
17. 子ヒツジの肉はラム、成長したヒツジは?
18. JRに乗れる果実といえば?

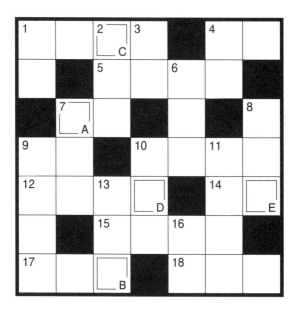

タテ・ヨコのカギをヒントにパズルを解き、A〜Eの文字をつないでできる言葉を答えてください。

Question 26 休日に行きたい お得な日帰り旅行

タテのカギ

1. 「○○すり」は韓国式エステ
2. 飛行機の後部にある翼
3. 好物は人の悪夢、という伝説の生き物は?
4. フォーマルワンピース
6. 眠っていない「うつ伏せ」状態
7. ⇔テイクアウト
8. 釣りをする時に垂らすのは?
9. 消しゴムを使うと出てきます
11. 手先の捻挫
13. アンデス地方のアメリカラクダ、といえば?
14. 「みにくい○○○の子」は白鳥の子

ヨコのカギ

1. 眠い時や、退屈な時に出たりします
3. ロックやポップスなどの演奏者集団
5. 紙面に余った白いスペース
7. 筋子をばらしたら、こう呼びます
8. 腰をかける家具
9. 屋根のある車庫=「○○ポート」
10. 調理用具にもある野球用具って?
12. 改善を求めて抵抗する行為
15. リビングルーム
16. 西へ沈む太陽
17. こしたものもあれば、粒のものもあります
18. 亀裂=○○

タテ・ヨコのカギをヒントにパズルを解き、A〜Eの文字をつないでできる言葉を答えてください。

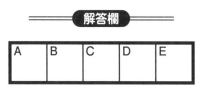

解答は122ページ

Question 27

スポーツする時はストレッチを入念に

タテのカギ

1. 坂本龍馬や勝海舟は、○○○上の人物
2. ソルト&ペッパー＝塩○○○○
3. 入学や入社が同じ
4. メイクアップ
5. 磯野家の猫の名前
9. 歯の隙間に入る棒
11. 蛇口から出てきます。「○○○○水」
12. ライオン、トラの次に大きなネコ科の動物
13. 基本給以外の賃金
16. 蓮○○、平方○○、○○拠

ヨコのカギ

1. 音楽を奏でる黒い円盤
4. 数の位
6. 水ぎわ＝○○
7. カメを助けて龍宮城へ行ったのは「○○○○太郎」
8. 茶碗や皿はこれ
10. 「ぼたん」はイノシシ、「もみじ」はシカ。「さくら」は？
11. 電話番号や郵便番号はこれが並んでいます
14. 武士が戦いで身につけた防具
15. 「忠臣蔵」の主役は「○○○浪士」
17. アニメ＝○○○
18. 床と向かい合っています

タテ・ヨコのカギをヒントにパズルを解き、A〜Fの文字をつないでできる言葉を答えてください。

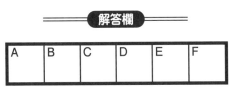

解答は122ページ

Question 28

鍋物に入れても炒め物にしても美味

タテのカギ

1. 車にもなるカラダの部分
2. 「婚約者」の古風な言い方
3. 7回転んだら8回起き上がる縁起物
4. 贈答品に添える飾り
5. バックパッカーも背負っています
7. いくら逃げてもついてくるものって、な〜んだ？
9. 小声でメロディーを口ずさむ
10. 霧などで遠くがぼやける現象
11. 平らなのに、半音下がります
13. 苦しくて「青色○○○」
16. 「丸い」という名の通貨単位

ヨコのカギ

1. きざはし
4. 軍艦巻きのグンカンはこれ
6. 壁や床が陶磁器、「○○○張り」
7. プロのシンガー
8. 秋田の旧正月に現れる鬼
10. ことわざ「下手な鉄砲も○○撃ちゃ当たる」
11. 幸○○、○○袋、○○の神
12. 「明太子」の原料はコレの卵巣
14. 「前」をつけると料理人
15. 1本の棒で歩行を補助
17. 「停車場」を漢字一文字で
18. 寝る時に、敷いたり掛けたりします

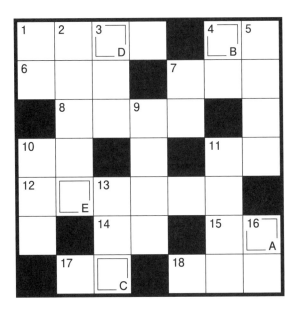

タテ・ヨコのカギをヒントにパズルを解き、A〜Eの文字をつないでできる言葉を答えてください。

解答は122ページ

Question 29

温かい日は公園でランチしよう

タテのカギ

1. マジシャンは、これのプロ
2. 「一寸法師」が持つと箸はこれになります
3. 旅行用の手提げカバンになったアメリカの都市
4. ベースボールなどで守備につく人
5. 女声の高い声は「ソプラノ」、低い声は?
7. 丸太を並べて縛った舟
9. まだら模様の小さな卵
11. 歌ったり、話をする人が持ちます
12. こぶしをきかせた歌謡曲
14. 映画『男はつらいよ』の寅さんの姓は?
15. 見当違いのこと。「○○外れ」
16. 織物に入った金箔や銀箔

ヨコのカギ

1. ビックリすると目がこれになります
2. 馬車にもなった野菜といえば?
5. 「氷」を英語で?
6. アマゾン川と長さを競い合っています。「○○○川」
8. ガソリンスタンドで売っているストーブの燃料
10. ネパールの首都
12. 木の幹から分かれています
13. ○○城、集○○、○○語
15. 腕やヒザでも代用できる寝具って?
17. 「蛸」はオクトパス、「凧」は?
18. ラーメンのトッピングのタケノコ

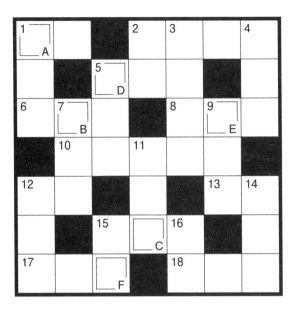

タテ・ヨコのカギをヒントにパズルを解き、A〜Fの文字をつないでできる言葉を答えてください。

解答欄

解答は123ページ

Question 30

徳利にお銚子 ほろ酔い気分

タテのカギ

1 ヒヨコの親

2 日本から遠いほど、これが大きい

4 グッドラック＝○○○○を祈る

5 タバコを吸う時は「○○○○室」で

7 「入国査証」を英語で？

10 これが西の空を赤く染めます

12 端午の節句は、○○○の子のお祭り

14 穴のあいたカマボコ

16 販売をする人

17 レストランやホテルは高級なほどこれが多い

18 世界最大の「イグアスの○○」

19 臀部＝○○

ヨコのカギ

1 空にかかる七色の橋

3 神に仕える女性

6 ネタとシャリの間にはさんで握ります

8 これをする時はハンドルを右に切ります

9 自分を励ます言葉。「○○○の銘」

11 ブラジルのお祭りといえば、「○○のカーニバル」

13 交通機関に支払う料金

15 頭の肌

17 叩くと出てきて、放っておくと積もります

18 「束子」と書く掃除道具

20 日本は「日の丸」

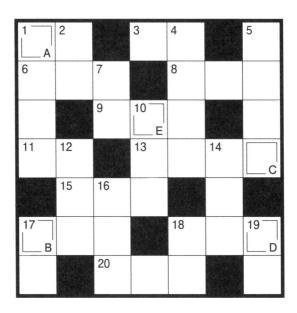

タテ・ヨコのカギをヒントにパズルを解き、A〜Eの文字をつないでできる言葉を答えてください。

解答は123ページ

Question 31

イヌやネコはもちろん金魚やヘビも!?

タテのカギ

1. 大きなシッポとほお袋がかわいい小動物
2. ○○○ランは犬のための自由広場
3. ○○理、安○○、○○臓
4. 甘い卵豆腐のようなスイーツ
6. ペットが与えてくれる心の安らぎ
7. 切ること。テープ○○○
8. おそろいの○○ルック
9. 旅行者、ツーリスト
11. 節分に食べる「○○○巻き」
13. 肉やミルクを取るために飼う家畜
14. 糸切り歯ともいう
16. ⇔タテ
17. 昔はネズミを獲るために飼われた

ヨコのカギ

1. イヌの引き紐のこと
3. 打ち身に貼る薬
5. ベッドがふたつある○○○ルーム
7. 竹から生まれた「○○○姫」
8. 剣より強い筆記道具
9. 干支の中で絶対飼うことができない
10. 100%なら独占
12. 低糖と無糖の中間
15. 「大志を抱け」といわれた人は?
18. 最後に登場する大物
19. 「ぎっくり!」とやってしまうところ

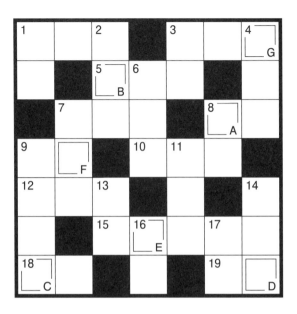

タテ・ヨコのカギをヒントにパズルを解き、A〜Gの文字をつないでできる言葉を答えてください。

Question 32

あったかい湯の後は美味しい料理に舌つづみ

タテのカギ

1. 妻の相方
2. ショップ
3. 噴火する山
4. 結婚式＝○○○○の典
6. 停泊中の船が下ろしているもの
8. 愛好者
10. 読みかけの本の間にはさむ
12. 何ごともこれが肝心とか
14. シルクを生み出す昆虫
15. 旅館の部屋着
17. 湯に浸かって体の○○から温まる

ヨコのカギ

1. 旅館の女主人
3. 花が咲くこと
5. 足がしびれやすい座り方
7. 塗りつけること
9. サツマイモの別名
11. 潮干狩りの成果は味噌汁に
13. 山○○、大○○、○○様
14. ○○○宿泊所は激安旅館
15. 美人の歩く姿のような花
16. ソラマメやビワは○○○の味覚
18. 古本屋で買う
19. ○○○の空似

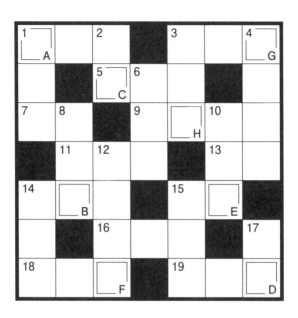

タテ・ヨコのカギをヒントにパズルを解き、A～Hの文字をつないでできる言葉を答えてください。

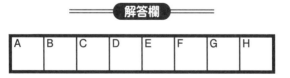

解答は123ページ

Question 33

マグロもウニもくるくる回る

タテのカギ

1. お寿司の「ギョク」
2. 大王、スルメ、ヤリ
3. アサリやサザエの類
4. 味噌や醬油の原料
6. 油を取るアブラナのこと
7. 住んでいる所。「終の○○○」
8. アンコウやカワハギのこれは珍重される
9. ○○魚、○○属、純○○
10. デザイン
11. マグロの海苔巻が「○○○巻き」
13. 甘いお酒の調味料
14. 頭皮ケアを行うヘッド○○
16. エビはこれに刺して茹でれば曲がらない

ヨコのカギ

1. ○○機、期○○、○○望
3. 夏の風物詩。コワ～い話
5. 飲食店の従業員用の食事
7. セイゴ、フッコと名前が変わる白身魚
9. リスの別名
11. 運を任せることも
12. マグロの脂分の少ない身のこと
14. うんとも○○とも言わない
15. 地球上の7割は海、残りの3割は？
17. キュウリの別名？ レインコートも
18. ちらし寿司にのせる○○○卵

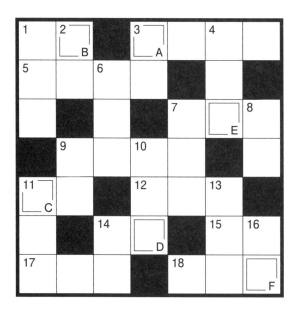

タテ・ヨコのカギをヒントにパズルを解き、A～Fの文字をつないでできる言葉を答えてください。

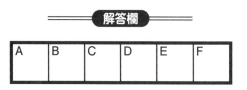

解答は123ページ

Question 34

本日のランチ
おすすめは何？

タテのカギ

1. 日替わりもあるご飯と惣菜のセット
2. 人間○○○で健康診断
3. 天○○＝揚げ玉
4. とん汁やとんかつに使うミート
5. 円周率を表すギリシャ文字
7. 餅や風呂場は生えやすい
8. 土俵の上で勝負
10. 調理や食器拭きに使う布
11. 蟹味噌はこの中にある
12. ちりめんとも呼ぶイワシの稚魚
13. 伸びたらパンツがずり落ちる
15. 人間も3人寄れば文殊に匹敵

ヨコのカギ

1. 天ぷらをのせた丼物
3. おじいさんからネズミまでが引っ張って抜いた野菜
5. イタリアの粉もんの総称
6. ピラミッドの形
9. スペア
10. 笑う門に来る
11. 野球やテニスは軟式とこれがある
13. ○○に入れば○○に従え
14. 昼食のことをおしゃれにいうと？
16. オムレツ＋チキンライス

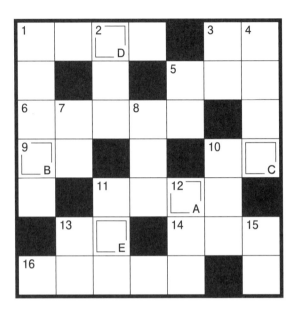

タテ・ヨコのカギをヒントにパズルを解き、A～Eの文字をつないでできる言葉を答えてください。

解答は 123 ページ

Question 35

読みたい本 今日は何冊借りようか

タテのカギ

1. 『遠野物語』で知られる精霊「○○○わらし」
2. 最近はケータイでも読めるノベルス
3. 出汁のもとになる海草
4. ○○も子もない
7. 最近の選挙ではマニフェストという
9. 封書やハガキに貼る
11. ごく短い時間
13. 県の最高責任者
14. 人に知られていない山奥などの温泉
15. 意味や漢字を調べるための分厚い本

ヨコのカギ

1. 週刊や月刊などがある読み物
3. 児童書の対象者
5. これを勝ち抜いて決勝大会進出
6. ○○○文とは旅行記のこと
8. ヘミングウェイの『○○よさらば』
10. ⇔左折
12. 代金をまとめて後払い
14. 雑学の宝庫のような書物
16. 損して取れといわれる
17. 二股掛けるような恋人には○○をつけて進呈
18. 試食品に刺さっている木製製品

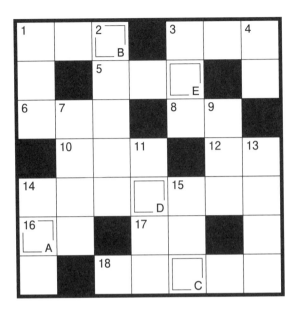

タテ・ヨコのカギをヒントにパズルを解き、A〜Eの文字をつないでできる言葉を答えてください。

解答欄

A	B	C	D	E

解答は124ページ

Question 36

手紙も貯金も……近所にあると便利

タテのカギ

1. 飼い犬には必須の外歩き
2. 手紙や書類を入れる紙製品
3. 五七五＋季語でできている
4. コンクリートジャングルに林立
7. 夏は○○○にサンダル
9. 苗字と名前
11. アナログ式なら秒針がある場合も
13. 新しい住まい
14. お年玉年賀はがきの末等のシート
16. 始めから終わりまで。「○○○は上々」
17. ペンより弱いといわれる武器

ヨコのカギ

1. 不景気だとこれの紐が固くなる
3. 打ち上げて夜空に咲く
5. 帰宅後はまず手洗いとガラガラ、ペッ！
6. 郵便物を投函する赤いボックス
8. 歯がある整髪用具
10. ⇔セーフ
12. 三度の○○より好きなもの
14. 中世ヨーロッパのナイト
15. はがきや切手に押す使用済みの印
17. ディーゼルエンジンの燃料
18. 見習うべき人や物
19. 野獣とカップル

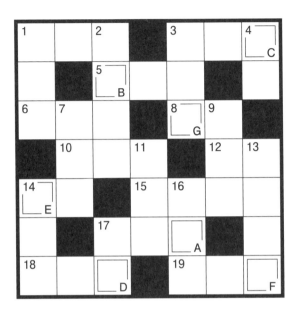

タテ・ヨコのカギをヒントにパズルを解き、A〜Gの文字をつないでできる言葉を答えてください。

解答は124ページ

Question 37

DVDもいいけど スクリーンが一番

タテのカギ

1 ご飯のことをこう呼ぶ男性は多い
2 よその国
3 面白いと芸人がトークに使う
5 ピッタリあてはまった!!
6 クランク○○で撮影開始
8 このタイプの電話が普及したので公衆電話は減少傾向
11 ここを通ってホームへ
12 タバコの煙。観客席で漂うことはなくなった
14 期日前にチケットを販売
16 昔風のやり方や考え方
18 パスタに使うのはこれの墨
20 人類が歩いた星

ヨコのカギ

1 3D映画鑑賞時の必需品
4 全席○○○だと自由に座れない
7 干したのがダシのもとになるキノコ
9 延べ棒といえば、このメタル
10 この赤いフルーツが入っている大福もある
11 自分よりランク下。「○○○○相手に負けられない」
13 西部劇になくてはならない動物
15 ○○○○盛衰
17 スターに頼んで書いてもらう
19 通信できないこと
21 刀のグリップ
22 新作の初上映

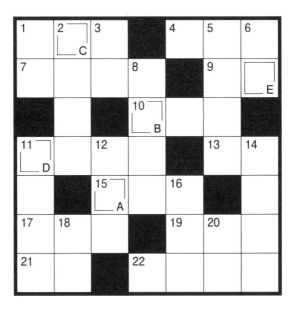

タテ・ヨコのカギをヒントにパズルを解き、A～Eの文字をつないでできる言葉を答えてください。

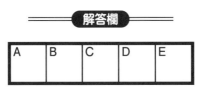

解答は124ページ

Question 38

小学生もメダカも みんな通う!?

タテのカギ

1 授業中ついウトウト
2 ブラウスの汗染みが気になるところ
3 結婚しています
4 ⇔以上
7 はじめての戦い
8 おめでたい魚
9 コンパスだときれいに描ける
11 赤点の人が受けるテスト
13 調理実習がある教科
14 定規を使えばまっすぐに引ける
15 池にいる観賞魚
16 疲れると棒になるところ
18 ヒキガエルの別名。「○○ガエル」

ヨコのカギ

1 学校で履き替える
4 机とセット
5 これに打たれて修行することも
6 学校のテーマソング
8 落とすと進級できない
10 熱い思い
12 時計で確認する
14 勝負事は○○○必勝
15 粒々がないほうのあんこ
17 栗を包んでいるトゲトゲ
19 紋付とセット

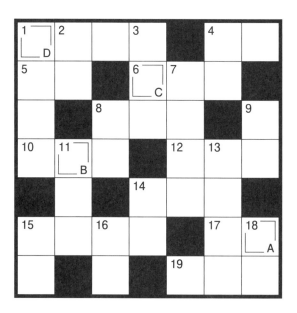

タテ・ヨコのカギをヒントにパズルを解き、A〜Dの文字をつないでできる言葉を答えてください。

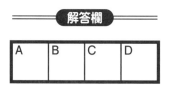

解答は124ページ

Question 39

河岸帰りのかわいいかわいい?

タテのカギ

1. 魚偏に弱と書く魚
2. 歯医者=○○医院
3. 「オレオレ」で有名になった犯罪
4. タチウオは、これに似ていることで付いた名前
5. 出る○○は打たれる
7. 殿様が目黒に限るといった魚
9. 英語で「双生児」
10. 吊るし切りで有名な冬の魚
11. 小判の形
12. 合言葉、山といったら?
15. 野球でライト、レフト、センターが守るエリア
17. ワタと身で塩辛に

ヨコのカギ

1. 水切り遊びの道具
3. おでんのこんにゃくはこの形
6. 凍った湖面に穴を開けて釣る魚
8. おめでたい時は尾頭付き
9. 運動会で引く
10. 関西では「グジ」と呼ぶピンクの魚
13. 日本の通貨単位
14. ヒラメやカレイのコリコリしたヒレの通称
16. 海外から持って帰っても両替できない
18. ⇔質素
19. 玉子と鶏肉で○○○丼

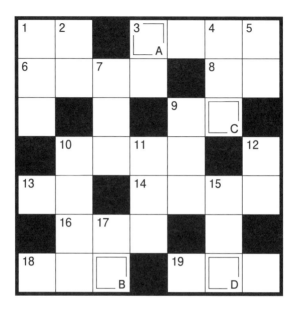

タテ・ヨコのカギをヒントにパズルを解き、A〜Dの文字をつないでできる言葉を答えてください。

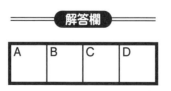

解答は124ページ

Question 40

洋服も食料品も なんでもそろいます

タテのカギ

1. 長い歴史を持つ店
2. このカードで後払い
3. 足にはヒザ、腕には？
4. エレベーターの表示は「R」
6. 墨とセットで習字
8. 甘い物好きの○○○○○男子
9. タケノコ掘りができる場所
11. 4本足の暖房器具
13. バーゲン品の値段
15. ベーカリーで焼いている

ヨコのカギ

1. 食べ物
5. 精算所
6. 正月恒例の「○○袋」
7. ピンと伸ばすと背も高くなる
9. 地上デジタルテレビ放送を略して
10. ひと休み
11. トレンチ、ダッフル、レインといえば？
12. ほとんどの生活物資は船便で届く場所
14. 十二支の中の想像上の動物
15. ズボンやスラックスのこと
16. 書籍売り場で買う
17. ファニチャー

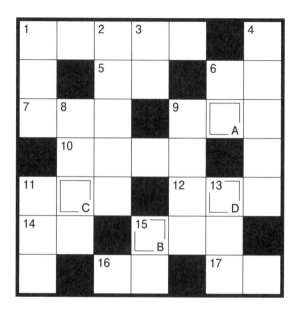

タテ・ヨコのカギをヒントにパズルを解き、A〜Dの文字をつないでできる言葉を答えてください。

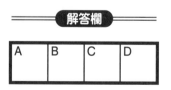

Question 41

みんな仲良く学校まで行こう！

タテのカギ

1. コシヒカリ、最高級品は新潟県の○○○○産
2. 上りも下りもある道
3. おすすめのナンバーワン
4. ⇔前
6. 合唱
8. 仇を討つつもりが逆に討たれること
10. パラシュート
12. 役者の控室
15. 両親の兄弟の子ども
16. 相撲の最高位の力士が締めるのは？
17. 馬に乗る時、人が座るのは？

ヨコのカギ

1. 五月のハエは？
4. ネズミの次に来てトラの前に来る
5. 大相撲。8番以上勝つこと
7. 精米する時に出る粉
9. 南極・北極で見られる光のカーテン
11. 横綱と三役力士を除いた幕内力士
13. 大○○、上○○、○○軍
14. 「西の瓜」と書く
16. 通弁・通詞といわれたことも
18. 坂本龍馬の出身地
19. 日本三大名瀑のひとつ、和歌山県「○○の滝」
20. 無線操縦

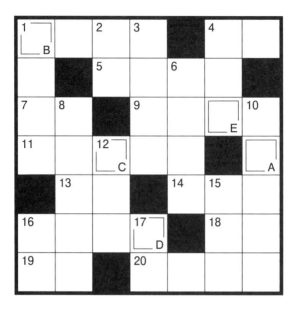

タテ・ヨコのカギをヒントにパズルを解き、A〜Eの文字をつないでできる言葉を答えてください。

=== 解答欄 ===

Question 42

甘みが多い沖縄特産の野菜

タテのカギ

1 米1、水7の割合で炊きます
2 リュウゼツランで造るメキシコの蒸留酒
3 パンジーは三色○○○
4 白鳥
6 酸性かアルカリ性かを判別するのに用いる
8 石器・土器など、太古の人が遺したもの
11 川の中の学校でみんなでお遊戯している
13 絡ませて約束する
14 計画
16 ○○に火を灯す

ヨコのカギ

1 客席から見て舞台の左側
3 ヨーロッパの永世中立国
5 一人前サイズの「シャケ」や「タラ」
7 惜しまれつつ引退。青い車体の夜行寝台特急
9 アンデス地方で飼育されているアメリカラクダ
10 寝ている時に見る
12 シャベルより小型
15 勢いよく走る
17 サザエさんの妹
18 備え付けてある物品

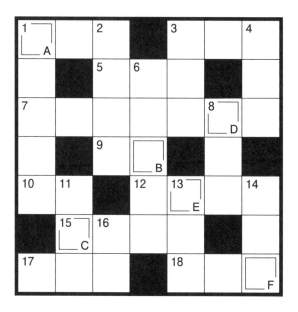

タテ・ヨコのカギをヒントにパズルを解き、A～Fの文字をつないでできる言葉を答えてください。

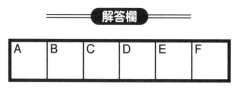

Question 43

消える前に願いごとを！

タテのカギ

1. 発明の母だそうです
2. 簡単にいうとボディガード
3. 他の流派
4. 1段〜9段まで暗記して覚える
6. 背中をかくための道具
8. ○○○ドア、○○○販売機
11. 隣の人
13. 詳しいこと。「○○○面談」
14. 小さい建物
15. 無意識でやってしまうこと

ヨコのカギ

1. ここから駒が出ることもある
5. ○○と言えばカァ
6. 温めた牛乳の上にできる
7. 漢字四つで表現される成句
9. スポーツ
10. 黒い海藻
12. ヤブから登場！
13. 引っ越し
14. カメの○○より年の○○
15. 草食動物の食べ物
16. ⇔注文品

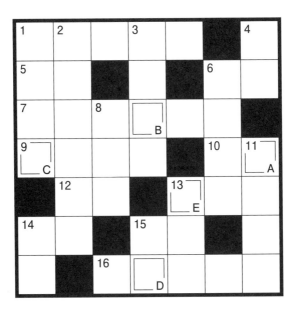

タテ・ヨコのカギをヒントにパズルを解き、A〜Eの文字をつないでできる言葉を答えてください。

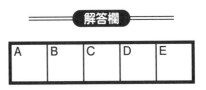

Question 44

これを磨いて ライバルに勝つ!

タテのカギ

1. 正月に舞う
2. チョーク
3. 規則を破ること
4. 真に迫った○○○○の演技
5. メンバーズカード
9. 大がかりなのはイリュージョン
10. 腰の痛み
11. 二荒山、東照宮がある栃木県の市
12. カラオケで握る
15. 寄り○○、○○草、夜○○

ヨコのカギ

1. マネージャー=○○○人
4. 清涼感のあるハーブ
6. 大変な苦労をするという意味の四字熟語
7. 覆水○○に返らず
8. 姉と弟
10. 食○○、○○望、独占○○
11. キャロット
12. 正月に飾る常緑樹
13. 有りの実
14. 横領、酷使
16. エアーコンディショニング

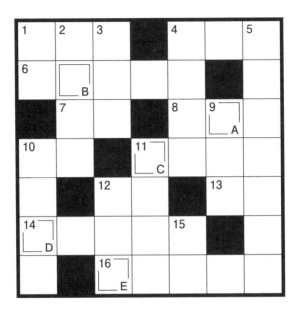

タテ・ヨコのカギをヒントにパズルを解き、A〜Eの文字をつないでできる言葉を答えてください。

解答欄

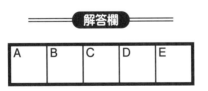

Question 45

ヒツジを使った北海道の名物料理

タテのカギ

1. シーズン最初の試合は○○○○戦
2. 貯金しておく家具
3. こぼす不満
4. 敵の情勢を密かに探る兵
5. 指が分かれていない手袋
8. 様子を表す品詞のひとつ
10. 地震、雷、火事、○○○
13. 途中で失礼します
14. 関係すること
15. 首都はベルン
16. 花粉症の原因となる木
18. トイレにないと困るね

ヨコのカギ

1. 商品が一覧できる販売用の冊子
4. 芭蕉の句、岩にしみ入るのは何の声？
6. ○○象、実○○、認○○
7. 切符
9. サザエさんの夫
11. 聖画像
12. 自然界の鳥
14. 100%がジュース
16. 尺の10分の1
17. 彦星の仕事
19. 宇都宮が有名な中華料理
20. 既婚者はミセス、未婚者は？

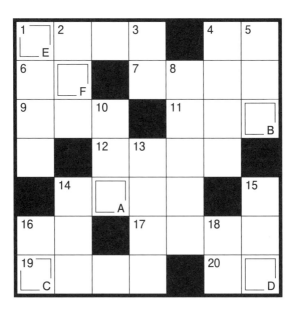

タテ・ヨコのカギをヒントにパズルを解き、A〜Fの文字をつないでできる言葉を答えてください。

Question 46

本名はナズナ 三味線に似てる？

タテのカギ

1. 和室の床に敷く
2. 店〇〇、〇〇数、満〇〇御礼
3. 食前酒や前菜のこと
4. 上野の西郷さんの犬の名前
5. カンニングペーパーの略称
7. 軍事目的の航空機
8. 美味しい麺類に必要
9. 前方のタイヤ
10. 昆虫ではありません、茶碗〇〇
11. できばえの良い作品
13. ひき肉
15. 砂漠はこれでいっぱい

ヨコのカギ

1. 協力、提携すること
6. ⇔長編
7. 大〇〇、〇〇艦、〇〇人
8. ゴルフの試合
9. 国税局の出先機関
11. 和装の髪飾り
12. 海水浴で行く所
14. インド女性の民族衣装
15. 英語で肌
16. 漢字は音読みと？
17. 金魚はこれの変異種がはじまり

タテ・ヨコのカギをヒントにパズルを解き、A〜Fの文字をつないでできる言葉を答えてください。

解答は125ページ

Question 47

宝石も鉱物も……
自然界で取れる石

タテのカギ

1 長崎名物。ポルトガル菓子
2 熱処理すること
3 ⇔野暮
4 祝いの儀式
5 ニンフ
6 うっかりして行き届かない様子
10 壁を塗る専門職人
13 植物を別な場所に移す
14 ピッチャーとキャッチャーが交わす
15 神々の話
16 ボックス
17 桃太郎の家来がもらった、○○団子

ヨコのカギ

1 「大声で笑う」を意味する四字熟語
7 子にかじられて細くなる
8 休み。「夏季○○○○」
9 フグの刺身
11 苦しみに負けずに守り通す心。「○○○十年」
12 潜水艦で行く所
14 野球で打者が3回空振り
16 哺乳類はここで呼吸する
17 ○○、銀、銅
18 婚約者の証のリング

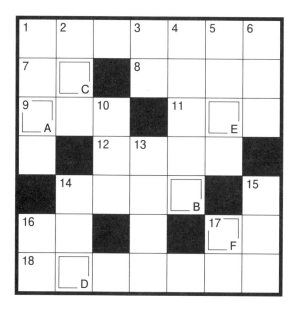

タテ・ヨコのカギをヒントにパズルを解き、A～Fの文字をつないでできる言葉を答えてください。

解答は 126 ページ

Question 48

卒業しても優勝しても もらえます

タテのカギ

1. 虫の「ブーン」って何？
2. 太平洋戦争の激戦地。東京都の島。2007年からこの呼称に統一
3. 和歌を詠む人
4. シャーマン
5. 物ごとに精通している
7. 砂ぼこりのこと
10. 家畜が食べる草の生える土地
13. 砂上の○○○○
14. ひいきして見る。「親の○○○」
15. 習字＝○○道
16. ○○奮迅の活躍
17. 相撲取りが踏む

ヨコのカギ

1. ⇔ロー
3. レモンやオレンジは○○○類
6. 15ＣＣの計量スプーン
8. ポアントともいう、バレエの○○シューズ
9. 福井県にある名所の岩壁
11. グラム→キロ→○○
12. タンチョウヅルや阿寒湖で有名な北海道の地
14. ○○菓子、○○画、○○服
15. 大葉ともいう
16. 子どもが少なくなる現象
18. 初めまして！と交わすカード
19. 約束の時間に間に合わない

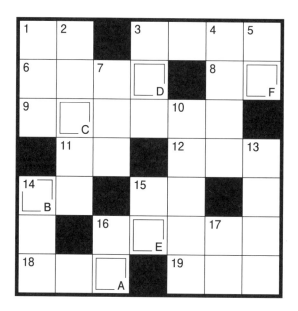

タテ・ヨコのカギをヒントにパズルを解き、A〜Fの文字をつないでできる言葉を答えてください。

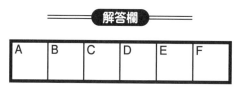

解答は126ページ

Question 49

ファミレスのフリードリンク

タテのカギ

2 車の保安基準適合の証明書

3 逆立ちすると馬鹿になっちゃう動物?

4 最高潮の見せ場

5 粉、クリーム、ブルーなどがある食品

7 私の。「○○ホーム」

9 玉子○○、タコ○○、○○肉

10 小浜市と京都を結ぶ「○○街道」

12 赤ちゃんがオムツをするのは?

14 入れ物

16 人形にも、食用にもなる花

17 琵琶湖から流れる「○○川」

ヨコのカギ

1 江戸前や回転が人気

3 ⇔甘口

6 タテ4を日本語で?

8 からい調味料「○○油」

9 夜、眺める景色

10 S、M、Lがあります

11 雄弁は銀、沈黙は?

12 小さいところでいばっている人を「○○○の大将」といいます

13 ○○○貫徹

15 転ばぬ先の?

16 一緒に力を合わせて

18 タイヤの中身

19 アルコールの強さを表す

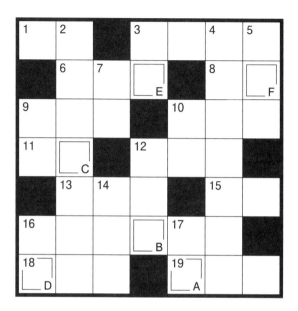

タテ・ヨコのカギをヒントにパズルを解き、A～Fの文字をつないでできる言葉を答えてください。

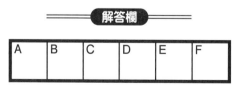

解答は126ページ

Question 50

温泉、食……
そして神話を巡る旅

タテのカギ

1. 本部の下に
2. 空の散歩を楽しめる風船
3. 学校の建物
4. 地図、原子、単位
5. 手術の後などの見通し
7. 昆虫がサナギになる前の状態
10. 簡単にいうと風呂場
11. パテント
12. ○○○○討論。政党の代表者
15. ドリーム
16. その時々の値段

ヨコのカギ

1. コンダクターの仕事
3. 理由となるもの
6. 要領が悪い
8. PMと書く時間帯
9. 決勝戦に勝って見事○○○○○！
11. 空港は「出発」と「○○○○○」
13. こちらは大を兼ねない
14. お休みの日
17. 婿の相手
18. 生糸はここからとります

タテ・ヨコのカギをヒントにパズルを解き、A～Fの文字をつないでできる言葉を答えてください。

解答欄

| A | B | C | D | E | F |

Question 51

専門的に集めています

タテのカギ

2 車の荷室
3 暗記して覚える掛け算
4 パラソルは日傘、では雨傘は？
5 生物や植物を学ぶ学科
7 住職がいる所
8 腰よりも下の部分
10 ドクター
12 ゴールにボールを蹴り入れる
14 ベルリン国際映画祭の最優秀作品は「○○○○賞」
16 まだら模様の小さな卵
19 ブレス＝○○つぎ

ヨコのカギ

1 家を継ぐべき人
4 不思議の国の少女
6 楽観的な人
8 女性のほうが鋭いようです
9 テニスの0点
11 真っ白な紙
13 夜、作られるとか……
15 見物して楽しむ。○○○○船
17 履き物
18 出ると打たれます
20 あんちょこ

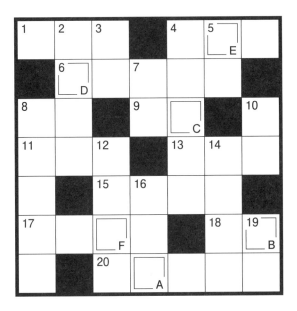

タテ・ヨコのカギをヒントにパズルを解き、A〜Fの文字をつないでできる言葉を答えてください。

解答は126ページ

Question 52

食事の後には感謝の気持ちで

タテのカギ

1. 二枚舌とは○○つきのこと
2. 疲れてすぎてグッタリ
3. ビンとともに資源ゴミ
4. 怪我の○○○○○
5. 災いのもと
7. 生で食べる馬肉のスライス
10. 聞いて○○○○、見て地獄
11. 儲かりそうな所へお金を投ずる人
13. 指切りでするもの
14. 占いで見る
16. トップ
19. 仲良しとは○○が合うこと

ヨコのカギ

1. サナギから成虫へ
3. キムチといえば、この国
6. 寺子屋で教えた、読み、書き、○○○○
8. 鬼は外、福は？
9. 晴らしてスッキリ
10. 分別して捨てます
12. 借りたら書く。「○○○○○書」
15. ミルクや肉を提供する家畜
17. ピエロ、ミルク、冠
18. 収まること
20. シーズン最初の○○○○投手
21. ⇔答え

タテ・ヨコのカギをヒントにパズルを解き、A～Fの文字をつないでできる言葉を答えてください。

Question 53

同じ家に住んでいます

タテのカギ

1. 相撲取りのリングネーム
2. 俳○○、○○勝、○○雅
3. 舞台裏で働く関係者
4. 人に任せる時に書く、「○○○状」
5. ニューマイハウス
9. ゴボウが代表的な甘辛炒め
10. 広く行き渡ること
11. マッチの持つ部分
12. ハガキや封書に貼って投函
14. 後日行われる再試験
16. レンコンの花
17. 目は心の？

ヨコのカギ

1. 餃子とともに人気の中華料理の点心
6. カメの背中に乗っています
7. カズノコの親
8. 料金が発生します
10. 重荷
11. 乗は掛け算、○○は割り算
12. ○○一髪
13. ギターを弾くための爪
15. 高貴な人を先導すること
18. 人出が少なく不十分
19. カラッとしていると低い

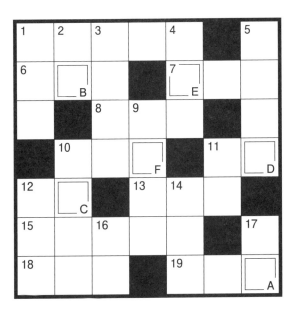

タテ・ヨコのカギをヒントにパズルを解き、A〜Fの文字をつないでできる言葉を答えてください。

Question 54

相撲取りもレスラーも こうでなくっちゃ！

タテのカギ

1. ラジオコントロールの略
2. 野菜などが一番おいしい時期
3. 仇で返してはいけません
4. 北極のベア
5. 旅先で変わると眠れない人も
7. 白い布、白い色
10. 国民の祝日
12. 傾斜地で見られる○○○○畑
13. 酔っ払いの歩き方は○○○足
14. 戦国武将が狙ったもの
15. 侘びと○○
17. ○○百万石

ヨコのカギ

1. マツやイチョウは○○植物
3. 三原山、ツバキ、くさやといえば？
6. ⇔送信
8. 官に仕えている人の給与
9. ガス、カセット、卓上
10. 日本の国花
11. 帰宅した時の挨拶
13. 交代！
15. 草木がなびく島
16. 奪われたものを取り返すこと
18. 通天閣の幸運の神様
19. 絵描きのこと

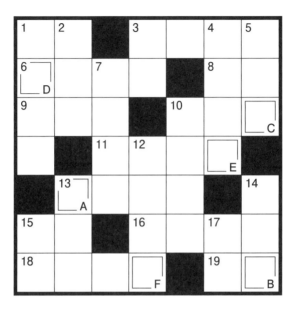

タテ・ヨコのカギをヒントにパズルを解き、A〜Fの文字をつないでできる言葉を答えてください。

解答は127ページ

Question 55

花言葉は「真実の愛」「私を忘れないで」

タテのカギ

1. アイランド
2. 地面に穴を掘って暮らす小動物
3. ステムレタスを乾燥させたもの
4. 水の力で回す、○○○○小屋
5. 新しい顧客
7. 首元にネクタイを締める
9. ○○格、男○○、女○○
10. 運動会、カゴに入った数を競う
13. チョコレートを溶かす方法
14. コイン
16. 困○○、○○所、災○○
17. 高知の旧国名

ヨコのカギ

1. 寒さで発症する皮膚の痒み
4. ネタはマグロ、エビ、ウニ、アナゴなど
6. 地球の内部で燃えてます
7. 赤、白、ロゼがある
8. 建物の完成を祝うセレモニー
11. 会社を訪ねてくること
12. まつ毛の上の毛
15. エビ、神宮、参り
16. 糸を引く大豆の健康食品
18. 続き番号
19. アップダウンがある道

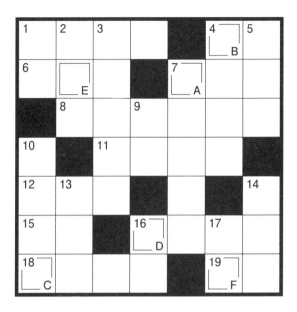

タテ・ヨコのカギをヒントにパズルを解き、A～Fの文字をつないでできる言葉を答えてください。

解答は127ページ

Question 56

緊張や興奮で上がります

タテのカギ

1. ここのマリモは天然記念物
2. ○○人、○○間、維○○
3. ○○は盲目
4. 江戸時代の法令「○○○○○憐みの令」
5. 積んで遊ぶオモチャ
7. 日傘
9. マフラーを巻くところ
11. 片目を閉じる合図
12. ⇔厚着
15. 機械
16. ノックをするのがマナー
18. 恥ずかしい時に入りたい

ヨコのカギ

1. 人間は考える○○である
3. ⇔軟質
6. グラスをカチンと合わせて
8. 「黄泉」と書く世界
9. エアー
10. 摩天楼というほどじゃない?
13. いるけどいないふり
14. 英語でナウ
16. 首領
17. 歯車
19. ライバルは天使
20. イレブンはサッカー、野球は?

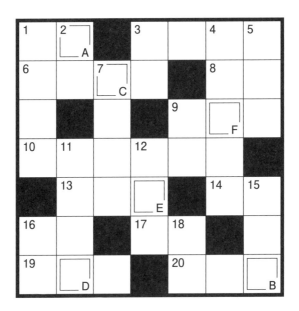

タテ・ヨコのカギをヒントにパズルを解き、A～Fの文字をつないでできる言葉を答えてください。

Question 57

開けてびっくり!?
龍宮城の土産品

タテのカギ

1 太ったりやせたりする天体
2 行く人はトラベラー
3 ストライク？ それともガーター？
4 ユリを英語で
5 昔は派出所
9 ナスカはこれで有名
10 パラボラ、ショップ
11 痛くないようにかける
13 ヌード
15 紙の単位
17 暮れはじめのころ

ヨコのカギ

1 フィッシングを楽しむ人工の施設
5 ライス
6 中生代の巨大な生物
7 ラッシー、ボーダー、牧羊犬
8 太鼓を叩く棒
10 狛犬。「○○○の呼吸」
11 寺の地図記号
12 レモン、ウール、ワイン
14 ○○と暇をかけました
16 出ていると晴れ
18 ほぼ決まりの状態
19 ハウス

タテ・ヨコのカギをヒントにパズルを解き、A〜Eの文字をつないでできる言葉を答えてください。

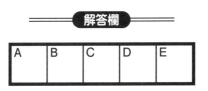

解答

Question 1 ウモウブトン（羽毛布団）

ゾ		ユ	キ	ウ	サ	ギ
ウ	マ		オ	ミ	ク	ジ
ニ	ン	キ	モ	ノ		ン
	ト	ッ		イ	モ	
ハ		サ	イ	エ	ン	ス
イ	ツ	テ	ツ		カ	ブ
チ	ャ	ン	ポ	ン		タ

Question 2 クツシヨン（クッション）

チ	ヨ	ク	ホ	ウ	タ	イ
エ		マ	ク	ラ		ン
ア	ナ		ト		ヨ	ク
	ツ	ウ	シ	ン	ボ	
コ	ツ		チ		ウ	メ
ウ		フ	セ	キ		ロ
ホ	ー	ル	イ	ン	ワ	ン

Question 3 シヨツキダナ（食器棚）

シ	キ	シ		マ	ム	シ
ソ	ヨ	カ	ゼ		ロ	ハ
	ウ		ニ	ク	マ	ン
ツ	イ	カ		ウ	チ	キ
ウ	ク	レ	レ		ジ	
カ	マ		ア	ミ	ダ	ナ
イ	マ	リ		ナ	イ	ス

Question 4 チヨキンバコ（貯金箱）

フ	ヨ		イ	キ	ハ	ジ
シ	リ	モ	チ		ヤ	ケ
メ	ド		ド	ウ	ク	ン
	リ	ス		チ	チ	
キ	ミ	ジ	カ		コ	マ
イ	ド		コ	ブ	ト	リ
ト	リ	ク	ミ		バ	ネ

Question 5 ブックエンド（ブックエンド）

ブ	レ	ー	キ	■	ワ	ク
タ	ン	■	ツ	イ	タ	チ
■	ア	マ	ク	チ	■	パ
エ	イ	ゴ	■	リ	ャ	ク
ン	■	ノ	リ	ツ	ギ	■
ソ	ウ	テ	ン	■	ユ	カ
ク	リ	■	ジ	ョ	ウ	ド

Question 6 キリタンス（桐簞笥）

ス	ガ	オ	■	ピ	■	パ
ネ	■	オ	ヒ	ザ	モ	ト
■	ラ	イ	ト	■	リ	ロ
ソ	ウ	リ	ダ	イ	ジ	ン
ビ	ン	■	カ	ツ	オ	■
エ	ド	キ	リ	コ	■	カ
ト	■	タ	■	ク	ウ	キ

Question 7 ケイコウトウ（蛍光灯）

ケ	シ	ョ	ウ	マ	ワ	シ
イ	ワ	■	ド	■	イ	シ
カ	■	コ	ン	ビ	■	ヤ
ク	リ	ア	■	コ	ク	ゴ
ダ	■	ラ	イ	ウ	■	ニ
オ	ト	■	ロ	■	ツ	ユ
レ	ン	サ	ハ	ン	ノ	ウ

Question 8 ダイフキン（台ふきん）

ユ	キ	ダ	ル	マ	■	ボ
ビ	■	ン	■	ト	オ	デ
■	ブ	カ	ツ	■	カ	イ
ド	ラ	イ	ブ	ス	ル	ー
キ	ン	■	テ	ン	ト	■
ヨ	コ	ク	■	ダ	■	フ
ウ	■	ロ	テ	ン	ブ	ロ

Question 9 バスタオル

ア	サ	リ	■	タ	ヌ	キ
オ	ビ	■	ア	ル	カ	リ
ゾ	■	シ	リ	■	ミ	■
ラ	ジ	オ	タ	イ	ソ	ウ
■	ユ	■	ヤ	ネ	■	エ
ウ	ワ	バ	キ	■	オ	ス
エ	キ	ス	■	レ	フ	ト

Question 10 モノホシザオ（物干し竿）

ス	ス	メ	■	コ	ド	モ
タ	ン	ザ	ク	■	■	クチ
ジ	■	シ	ロ	ボ	シ	■
オ	ニ	■	ザ	■	ヨ	セ
■	ホ	ク	ト	ウ	■	ミ
ア	ン	■	ウ	ノ	ハ	ナ
オ	ゴ	リ	■	ミ	ラ	ー

Question 11 パンケーキ

サ	イ	コ	ロ	■	キ	フ
ゲ	カ	ン	■	セ	ー	ル	サ
ン	■	パ	ン	ツ	■	サ
■	オ	ス	■	ケ	イ	ト
イ	シ	■	ケ	ン	カ	■
ト	ウ	ハ	ツ	■	ス	キ
マ	リ	ン	■	カ	ミ	ン

Question 12 チラシズシ（ちらし寿司）

ダ	イ	■	フ	タ	■	ク
イ	■	コ	ウ	イ	シ	ツ
ズ	キ	ン	■	ツ	ユ	■
■	ツ	イ	カ	■	ツ	ラ
マ	チ	■	ル	イ	セ	ン
シ	ン	サ	イ	ン	■	カ
ン	■	カ	シ	■	シ	ン

Question 13 コンテスト

ア	オ	ジ	ル	■	ト	カ
サ	■	ー	■	ボ	ウ	ズ
■	セ	ン	タ	ク	■	ノ
カ	イ	ズ	■	ト	ル	コ
コ	テ	■	ア	ウ	ン	■
モ	ン	ツ	キ	■	バ	ス
ン	■	キ	ス	ウ	■	ナ

Question 14 シンサツケン（診察券）

イ	ノ	シ	シ	■	エ	サ
イ	■	ヤ	カ	イ	フ	ク
ナ	ス	カ	■	エ	■	ラ
ズ	■	イ	チ	ジ	ク	■
ケ	ガ	■	カ	■	ラ	メ
■	マ	ン	シ	ツ	■	ロ
ピ	ン	■	ツ	イ	シ	ン

Question 15 ハブラシ（歯ブラシ）

タ	イ	コ	■	メ	イ	シ
ビ	■	ウ	ガ	イ	■	テ
■	バ	ラ	■	ブ	ゼ	イ
シ	タ	■	ナ	ツ	ツ	■
カ	ー	テ	ン	■	コ	リ
エ	■	ス	■	コ	ウ	ハ
シ	ツ	シ	ン	■	■	ツ

Question 16 ユウエンチ（遊園地）

ベ	ル	ト	■	タ	ラ	イ
ン	■	ウ	ラ	ナ	イ	■
チ	カ	シ	ツ	■	ウ	エ
■	ジ	ュ	カ	イ	■	ホ
サ	ツ	■	セ	ン	ト	ウ
ド	■	サ	イ	■	ン	■
ウ	ブ	ユ	■	ヨ	ボ	ウ

120

Question 17 オムライス

ラ	ッ	カ	ン	■	ア	オ
セ	ナ	カ	■	マ	ス	ク
ン	■	シ	サ	ク	■	ラ
カ	シ	■	ク	ラ	イ	■
イ	カ	メ	ラ	■	ロ	ス
ダ	イ	■	モ	ウ	ケ	ン
ン	■	ヨ	チ	ム	■	カ

Question 18 ケンバイキ（券売機）

コ	ナ	■	ウ	メ	ボ	シ
ウ	■	カ	ニ	■	ウ	キ
バ	タ	ー	■	ト	シ	■
ン	■	テ	ソ	ウ	■	タ
■	シ	ン	■	ア	イ	コ
ア	ツ	■	ミ	ン	ト	■
ポ	ケ	ッ	ト	■	コ	メ

Question 19 テンキヨホウ（天気予報）

チ	カ	テ	ツ	■	ト	ホ
ヨ	ネ	ツ	■	カ	ロ	ウ
キ	■	ボ	イ	ン	■	ス
■	ロ	ウ	カ	■	カ	イ
マ	ク	■	リ	ヨ	ヒ	■
ウ	ロ	コ	■	ト	■	サ
ス	■	キ	ユ	ウ	セ	イ

Question 20 ハイウエイ（ハイウェイ）

コ	ウ	ハ	ク	■	フ	ミ
イ	■	タ	ッ	ク	ル	■
■	コ	ケ	シ	■	イ	シ
マ	ル	■	タ	ケ	■	ボ
イ	ク	サ	■	イ	オ	ウ
ナ	■	ザ	ブ	ト	ン	■
ス	イ	エ	イ	■	ブ	タ

Question 21 アイサイカ（愛妻家）

ア	リ	■	サ	カ	サ	マ
ー	■	ア	イ	チ	■	イ
ム	カ	シ	■	ク	ス	コ
■	カ	タ	ナ	■	イ	■
イ	ト	■	イ	ザ	カ	ヤ
チ	■	ソ	ル	ト	■	タ
ゴ	ル	フ	■	ウ	カ	イ

Question 22 ホウレンソウ（ほうれん草）

ホ	タ	ル	■	レ	タ	ス
ウ	ラ	■	ラ	イ	ス	■
タ	イ	ソ	ウ	■	キ	ミ
イ	■	ム	ス	コ	■	シ
■	シ	リ	■	ウ	ド	ン
シ	ユ	エ	イ	■	カ	■
ロ	ウ	■	キ	ャ	ン	プ

Question 23 ノンオイル

オ	ム	ラ	イ	ス	■	ソ
ム	■	イ	ン	リ	ヨ	ク
ツ	ノ	■	カ	ル	ビ	■
■	リ	ボ	ン	■	コ	ウ
タ	■	ウ	■	マ	ウ	ス
ワ	イ	シ	ャ	ツ	■	タ
シ	マ	■	シ	チ	ュ	ー

Question 24 カンセイトウ（管制塔）

ト	シ	■	カ	ナ	リ	ア
モ	バ	イ	ル	■	ヨ	メ
ビ	■	サ	キ	ユ	ウ	■
キ	ョ	リ	■	カ	シ	コ
■	セ	ビ	ロ	■	ユ	ウ
タ	ン	■	バ	ラ	ウ	リ
カ	■	ボ	タ	ン	■	ン

Question 25 マンション（マンション）

オ	ア	シ	ス	■	ア	シ
ン	■	ヤ	シ	ャ	ゴ	■
■	マ	ツ	■	カ	■	コ
ト	ホ	■	サ	ン	セ	イ
コ	ウ	キ	ヨ	■	キ	ン
ノ	■	ホ	ウ	リ	ツ	■
マ	ト	ン	■	ス	イ	カ

Question 26 バスツアー

ア	ク	ビ	■	バ	ン	ド
カ	■	ヨ	ハ	ク	■	レ
■	イ	ク	ラ	■	イ	ス
カ	ー	■	バ	ッ	ト	■
ス	ト	ラ	イ	キ	■	ア
■	イ	マ	■	ユ	ウ	ヒ
ア	ン	■	ヒ	ビ	■	ル

Question 27 アキレスケン（アキレス腱）

レ	コ	ー	ド	■	ケ	タ
キ	シ	■	ウ	ラ	シ	マ
シ	ョ	ッ	キ	■	ヨ	■
■	ウ	マ	■	ス	ウ	ジ
テ	■	ヨ	ロ	イ	■	ヤ
ア	コ	ウ	■	ド	ウ	ガ
テ	ン	ジ	ョ	ウ	■	ー

Question 28 エノキダケ（えのき茸）

カ	イ	ダ	ン	■	ノ	リ
タ	イ	ル	■	カ	シ	ユ
■	ナ	マ	ハ	ゲ	■	ツ
カ	ズ	■	ナ	■	フ	ク
ス	ケ	ト	ウ	ダ	ラ	■
ミ	■	イ	タ	■	ツ	エ
■	エ	キ	■	フ	ト	ン

Question 29 テイクアウト

テ	ン		カ	ボ	チ	ャ
ジ		ア	イ	ス		シ
ナ	イ	ル		ト	ウ	ユ
		カ	ト	マ	ン	ズ
エ	ダ		イ		ラ	ク
ン		マ	ク	ラ		ル
カ	イ	ト		メ	ン	マ

Question 30 ニホンシユ（日本酒）

ニ	ジ		ミ	コ		キ
ワ	サ	ビ		ウ	セ	ツ
ト		ザ	ユ	ウ		エ
リ	オ		ウ	ン	チ	ン
	ト	ウ	ヒ		ク	
ホ	コ	リ		タ	ワ	シ
シ		コ	ツ	キ		リ

Question 31 ペットシヨツプ（ペットショップ）

リ	ー	ド		シ	ツ	プ
ス		ツ	イ	ン		リ
	カ	グ	ヤ		ペ	ン
タ	ツ		シ	エ	ア	
ビ	ト	ウ		ホ		ケ
ビ		シ	ヨ	ウ	ネ	ン
ト	リ	コ		コ		シ

Question 32 オンセンリヨカン（温泉旅館）

オ	カ	ミ		カ	イ	カ
ツ		セ	イ	ザ		シ
ト	フ		カ	ン	シ	ヨ
	ア	サ	リ		オ	ク
カ	ン	イ		ユ	リ	
イ		シ	ヨ	カ		シ
コ	シ	ヨ		タ	ニ	ン

Question 33 カイテンズシ（回転寿司）

タ	イ		カ	イ	ダ	ン
マ	カ	ナ	イ		イ	
ゴ		タ		ス	ズ	キ
	キ	ネ	ズ	ミ		モ
テ	ン		ア	カ	ミ	
ツ		ス	ン		リ	ク
カ	ツ	パ		キ	ン	シ

Question 34 シヨクドウ（食堂）

テ	ン	ド	ン		カ	ブ
イ		ツ		パ	ス	タ
シ	カ	ク	ス	イ		ニ
ヨ	ビ		モ		フ	ク
ク		コ	ウ	シ	キ	
	ゴ	ウ		ラ	ン	チ
オ	ム	ラ	イ	ス		エ

Question 35 トシヨカン (図書館)

ザ	ツ	シ	■	コ	ド	モ
シ	■	ヨ	セ	ン	■	ト
キ	コ	ウ	■	ブ	キ	■
■	■	ウ	セ	ツ	■	ツ	ケ
ヒ	ヤ	ツ	カ	ジ	テ	ン
ト	ク	■	ノ	シ	■	チ
ウ	■	ツ	マ	ヨ	ウ	ジ

Question 36 ユウビンキヨク (郵便局)

サ	イ	フ	■	ハ	ナ	ビ
ン	■	ウ	ガ	イ	■	ル
ポ	ス	ト	■	ク	シ	■
■	ア	ウ	ト	■	メ	シ
キ	シ	■	ケ	シ	イ	ン
ツ	■	ケ	イ	ユ	■	キ
テ	ホ	ン	■	ビ	ジ	ヨ

Question 37 エイガカン (映画館)

メ	ガ	ネ	■	シ	テ	イ
シ	イ	タ	ケ	■	キ	ン
■	コ	■	イ	チ	ゴ	■
カ	ク	シ	タ	■	ウ	マ
イ	■	エ	イ	コ	■	エ
サ	イ	ン	■	フ	ツ	ウ
ツ	カ	■	フ	ウ	キ	リ

Question 38 ガツコウ (学校)

ウ	ワ	バ	キ	■	イ	ス
タ	キ	■	コ	ウ	カ	■
タ	■	タ	ン	イ	■	エ
ネ	ツ	イ	■	ジ	カ	ン
■	イ	■	セ	ン	テ	■
コ	シ	ア	ン	■	イ	ガ
イ	■	シ	■	ハ	カ	マ

Question 39 サカナヤ (魚屋)

イ	シ	■	サ	ン	カ	ク
ワ	カ	サ	ギ	■	タ	イ
シ	■	ン	■	ツ	ナ	■
■	ア	マ	ダ	イ	■	カ
エ	ン	■	エ	ン	ガ	ワ
■	コ	イ	ン	■	イ	■
ゴ	ウ	カ	■	オ	ヤ	コ

Question 40 デパート

シ	ヨ	ク	ヒ	ン	■	オ
ニ	■	レ	ジ	■	フ	ク
セ	ス	ジ	■	チ	デ	ジ
■	イ	ツ	プ	ク	■	ヨ
コ	ー	ト	■	リ	ト	ウ
タ	ツ	■	パ	ン	ツ	■
ツ	■	ホ	ン	■	カ	グ

Question 41 ツウガクロ（通学路）

ウ	ル	サ	イ		ウ	シ
オ		カ	チ	コ	シ	
ヌ	カ		オ	ー	ロ	ラ
マ	エ	ガ	シ	ラ		ツ
	リ	ク		ス	イ	カ
ツ	ウ	ヤ	ク		ト	サ
ナ	チ		ラ	ジ	コ	ン

Question 42 シマダイコン（島大根）

シ	モ	テ		ス	イ	ス
チ		キ	リ	ミ		ワ
ブ	ル	ー	ト	レ	イ	ン
ガ		ラ	マ		ブ	
ユ	メ		ス	コ	ッ	プ
	ダ	ッ	シ	ュ		ラ
ワ	カ	メ		ビ	ヒ	ン

Question 43 リユウセイ（流星）

ヒ	ョ	ウ	タ	ン		ク
ツ	ウ		リ		マ	ク
ヨ	ジ	ジ	ュ	ク	ゴ	
ウ	ン	ド	ウ		ノ	リ
	ボ	ウ		イ	テ	ン
コ	ウ		ク	サ		ジ
ヤ		キ	セ	イ	ヒ	ン

Question 44 テクニック（テクニック）

シ	ハ	イ		ハ	ツ	カ
シ	ク	ハ	ッ	ク		イ
	ボ	ン		シ	テ	イ
ヨ	ク		ニ	ン	ジ	ン
ウ		マ	ッ		ナ	シ
ツ	カ	イ	コ	ミ		ヨ
ウ		ク	ウ	チ	ョ	ウ

Question 45 ジンギスカン

カ	タ	ロ	グ		セ	ミ
イ	ン		チ	ケ	ッ	ト
マ	ス	オ		イ	コ	ン
ク		ヤ	チ	ョ	ウ	
	カ	ジ	ュ	ウ		ス
ス	ン		ウ	シ	カ	イ
ギ	ョ	ウ	ザ		ミ	ス

Question 46 ペンペングサ（ペンペン草）

タ	イ	ア	ッ	プ		カ
タ	ン	ペ	ン		グ	ン
ミ		タ		コ	ン	ペ
	ゼ	イ	ム	シ	ョ	
カ	ン	ザ	シ		ウ	ミ
サ	リ	ー		ス	キ	ン
ク	ン		フ	ナ		チ

Question 47 テンネンセキ（天然石）

カ	カ	タ	イ	シ	ヨ	ウ
ス	ネ		キ	ユ	ウ	カ
テ	ツ	サ		ク	セ	ツ
ラ		カ	イ	テ	イ	
	サ	ン	シ	ン		シ
ハ	イ		ヨ		キ	ン
コ	ン	ヤ	ク	ユ	ビ	ワ

Question 48 ショウジョウ（賞状）

ハ	イ		カ	ン	キ	ツ
オ	オ	サ	ジ		ト	ウ
ト	ウ	ジ	ン	ボ	ウ	
	ト	ン		ク	シ	ロ
ヨ	ウ		シ	ソ		ウ
ク		シ	ヨ	ウ	シ	カ
メ	イ	シ		チ	コ	ク

Question 49 ドリンクバー

ス	シ		カ	ラ	ク	チ
	ヤ	マ	バ		ラ	ー
ヤ	ケ	イ		サ	イ	ズ
キ	ン		オ	ヤ	マ	
	シ	ヨ	シ		ツ	エ
キ	ヨ	ウ	リ	ヨ	ク	
ク	ウ	キ		ド	ス	ウ

Question 50 キュウシュウ（九州）

シ	キ		コ	ン	キ	ヨ
ブ	キ	ヨ	ウ		ゴ	ゴ
	ユ	ウ	シ	ヨ	ウ	
ト	ウ	チ	ヤ	ク		ト
ツ		ユ		シ	ヨ	ウ
キ	ユ	ウ	ジ	ツ		シ
ヨ	メ		カ		マ	ユ

Question 51 ライブラリー

カ	ト	ク		ア	リ	ス
	ラ	ク	テ	ン	カ	
カ	ン		ラ	ブ		イ
ハ	ク	シ		レ	キ	シ
ン		ユ	ウ	ラ	ン	
シ	ユ	ー	ズ		ク	イ
ン		ト	ラ	ノ	マ	キ

Question 52 ゴチソウサマ（ごちそうさま）

ウ	カ		カ	ン	コ	ク
ソ	ロ	バ	ン		ウ	チ
	ウ	サ		ゴ	ミ	
ト		シ	ヤ	ク	ヨ	ウ
ウ	シ		ク	ラ	ウ	ン
シ	ユ	ウ	ソ	ク		セ
カ	イ	マ	ク		ト	イ

Question 53 ドウキョニン（同居人）

シ	ュ	ウ	マ	イ		シ
コ	ウ	ラ		ニ	シ	ン
ナ		カ	キ	ン		キ
	フ	タ	ン		ジ	ョ
キ	キ		ピ	ッ	ク	
ツ	ユ	ハ	ラ	イ		マ
テ	ウ	ス		シ	ッ	ド

Question 54 チカラジマン（力自慢）

ラ	シ		オ	オ	シ	マ
ジ	ュ	シ	ン		ロ	ク
コ	ン	ロ		サ	ク	ラ
ン		タ	ダ	イ	マ	
	チ	エ	ン	ジ		テ
サ	ド		ダ	ツ	カ	ン
ビ	リ	ケ	ン		ガ	カ

Question 55 ワスレナグサ（忘れな草）

シ	モ	ヤ	ケ		ス	シ
マ	グ	マ		ワ	イ	ン
	ラ	ク	セ	イ	シ	キ
タ		ラ	イ	シ	ャ	
マ	ユ	ゲ		ヤ		コ
イ	セ		ナ	ッ	ト	ウ
レ	ン	バ	ン		サ	カ

Question 56 シンパクスウ（心拍数）

ア	シ		コ	ウ	シ	ツ
カ	ン	パ	イ		ヨ	ミ
ン		ラ		ク	ウ	キ
コ	ウ	ソ	ウ	ビ	ル	
	イ	ル	ス		イ	マ
ド	ン		ギ	ア		シ
ア	ク	マ		ナ	イ	ン

Question 57 タマテバコ（玉手箱）

ツ	リ	ボ	リ		コ	メ
キ	ョ	ウ	リ	ュ	ウ	
	コ	リ	ー		バ	チ
ア	ウ	ン		マ	ン	ジ
ン		グ	ラ	ス		ヨ
テ	マ		タ	イ	ヨ	ウ
ナ	イ	テ	イ		イ	エ

PUZZLE POCHETTE

クロスワード エクセレント

2015年6月10日　第1刷発行
2020年9月10日　第3刷発行

著者
ドリームプラネット

発行者
吉田芳史

印刷所
株式会社暁印刷

製本所
株式会社暁印刷

発行所
株式会社 **日本文芸社**

〒135-0001　東京都江東区毛利 2-10-18 OCMビル
電話 03-5638-1660（代表）
URL https://www.nihonbungeisha.co.jp/

＊

©2015 Dreamplanet　Printed in Japan
ISBN978-4-537-21278-5
112150520-112200825Ⓝ03　（390025）
編集担当・村松

※乱丁・落丁などの不良品がありましたら、小社製作部宛にお送りください。
送料小社負担にておとりかえいたします。
法律で認められた場合を除いて、本書からの複写・転載（電子化を含む）は禁じられています。
また、代行業者等の第三者による電子データ化及び電子書籍化は、いかなる場合も認められていません。